PAZ

JOYCE MEYER

PAZ

Entregue todas as suas preocupações a Jesus.

1ª Edição

bello

Belo Horizonte

Diretor
Lester Bello

Autora
Joyce Meyer

Título Original
Peace

Tradução
Ana Paula Barroso Magalhães

Revisão
Tucha

Design capa
Fernando Duarte
Ronald Machado

Impressão e Acabamento
Promove Artes Gráficas

bello editora

Rua Vera Lucia Pereira, 122
Bairro Goiânia, CEP 31.950-060
Belo Horizonte/MG - Brasil
contato@belloeditora.com
www.belloeditora.com

Publicado pela Bello Com. e Publicações Ltda-ME com devida autorização de FaithWords, New York, New York.

Primeira Edição - Setembro de 2007
Reimpressão - Junho de 2021

M612 Meyer, Joyce, 1943.
Paz: Entregue todas as suas preocupações a Jesus / Joyce Meyer; tradução de Ana Paula Barroso Magalhães. - Belo Horizonte/MG: Bello Publicações, 2014.

Título original: Peace
64p.
ISBN 978-85-61721-32-9

1. Paz espiritual

I. Título.

CDD: 232.2
CDU: 231.11

A menos que esteja de outra forma indicado, todas as citações Bíblicas nesta publicação são tiradas da Tradução Alfalit de 1997, Editoração Alfalit Brasil.

Citações Bíblicas anotadas por AMP são traduzidas diretamente para o Português do Inglês da versão Amplified Bible e Velho Testamento copyright 1965, 1987 por Zondervan Corporation. Novo Testamento, copyright 1958, 1987 por Lockman Foundation. Usado com permissão.

Citações Bíblicas anotadas por NKJV são traduzidas diretamente para o Português do Inglês da versão New King James Version of the Bible. Copyright 1979, 1980, 1982, 1983, 1984 por Thomas Nelson, Inc. Publishers. Usado com permissão.

Sumário

INTRODUÇÃO

... busque a paz (harmonia sem a perturbação causada pelo temor, harmonia sem a agitação da paixão ou o desconcerto de conflito moral) e segue-a ardentemente. [Não deseje apenas um relacionamento de paz com Deus, mas com os seus companheiros e consigo mesmo, você deve perseguir a paz em toda e qualquer circunstância!]

1 Pedro 3:11 AMP

Oro para que este livro sobre a paz ajude você a aprender como gozar "... a paz de Deus que excede todo o entendimento..."

Filipenses 4:7

Você Goza a Paz?

1

Você Goza a Paz?

Cada filho de Deus, nascido de novo, deveria estar gozando uma vida cheia de paz. Jesus disse em João 14:27 (AMP)

> *Paz deixo convosco; Dou-vos a minha [própria] paz. Deixo a minha paz por herança a vós no meu testamento. Não vos dou paz como o mundo a tem e dá. Não deixem que a inquietação ou medo entre em vossos corações. [Não se perturbem, nem se agitem; não permitam nem tolerem que o temor, a intimidação ou covardia vos venham amedrontar ou transtornar.]*

Verdadeiramente, essa passagem bíblica é poderosa em seu efeito. Leia-a várias vezes e medite sobre ela até que sinta o seu efeito inundar você.

Primeiramente, devemos notar que a paz que Jesus oferece é uma paz especial e diferente da paz natural que o mundo dá. Qual é a paz que o mundo oferece? O mundo oferece o sentimento de paz. A paz deste mundo opera quando tudo corre bem ou da forma que se quer. Porém, quando as coisas não acontecem como você espera, logo o sentimento de paz o abandona e a perturbação e o aborrecimento tentam se apoderar do seu espírito. A paz que Jesus dá opera em tempos bons e maus, quando há abundância ou quando se está abatido. A paz de Jesus atua mesmo no meio da tempestade.

Seria maravilhoso, pelo menos no que diz respeito à nossa natureza carnal, ter tudo o que desejamos quando queremos. Porém, a experiência da vida nos ensina que isso não acontece. Durante longos anos, tentei, como crente, usar minha fé para remover tudo o que não me fizesse feliz ou me trouxesse satisfação. Isso me causou tremenda frustração porque, quando tentamos forçar que as coisas aconteçam e elas não acontecem, isso nos deixa frustrados.

Ao começar a ganhar experiência com Deus, reconheci que precisava utilizar minha fé para passar pelas tempestades e provações da vida com calma e paz. Tive de aprender a não deixar o diabo roubar a minha paz em toda e qualquer circunstância.

Jesus disse em João 14:27 (AMP): "Não se turbe o vosso coração, nem se agite". Quanto mais eu lia essa frase e meditava sobre ela, reconheci que a Bíblia estava me mostrando que eu própria me agitava nas situações que me eram contrárias e, daí, ficava perturbada.

Compreendi que só eu poderia pôr um fim a isso. Ainda no mesmo versículo, Jesus disse: "Não deixem que a inquietação ou o medo entre em vossos corações".

Em Marcos 4:40, no meio da tempestade, Jesus repreendeu os discípulos por terem falta de fé e por terem deixado que o medo se apoderasse deles. Jesus não perdeu a paz no meio da tempestade. Ele continuou dormindo na popa do barco, embora os discípulos estivessem em pânico e até nervosos por ele não mostrar preocupação.

Se você estivesse lá, onde estaria? Na popa do barco gozando paz com Jesus ou agitado nas circunstâncias? Se você não tem paz, não tem prazer nem gozo nesta vida.

Como Gozar a Paz

2

Como Gozar a Paz

Para que uma mensagem nos seja útil, ela deverá conter o mínimo de instrução necessária à consumação do seu objetivo. O primeiro passo é reconhecer que necessitamos de paz. Contudo, se eu não a compartilhar da forma mais prática, ficará sem o fruto desejado.

Aprendi algo que me ajudou a compreender como gozar a paz na minha vida. Certo dia, cheguei à conclusão de que não valia a pena, e era muitíssimo frustrante, "tentar fazer aquilo que estava fora do meu alcance". Será que você está fazendo o mesmo?

Você vive em frustração por tentar fazer com que certas coisas aconteçam? Deus tem o tempo perfeito para todas as coisas. Você deve aguardar a sua hora.

Geralmente é impossível fazer com que as coisas aconteçam fora do seu tempo. Mesmo que você possa trazer à luz o que quer antes do seu tempo, isso nunca o alegrará. Aprenda a esperar em Deus. Isso dá honra a Deus e lhe dá paz.

Você tenta fazer o impossível? Tenta transformar ou mudar as pessoas à sua volta ou, talvez, a pessoa com quem se casou, um filho, uma filha, um amigo ou alguém da família? Uma pessoa não pode mudar a outra. Apenas Deus pode atuar no íntimo do coração de cada um, fazendo com que essa pessoa deseje mudar. Se tentarmos forçar alguém a fazer o que queremos, segundo as regras que lhe impomos, isso roubará a paz de todos.

O ser humano não foi criado para estar subjugado à lei. As pessoas necessitam de liberdade e de espaço para se mover.

Nos primeiros anos de casada, tentei forçar Dave, meu marido, a deixar de jogar golfe. Na minha opinião, ele passava tempo demais no jogo. Eu queria que passássemos mais tempo juntos. Tentei todas as formas possíveis para convencê-lo. Usei todas as jogadas que pude imaginar. Fiz beicinho, zanguei-me, fiz greve de palavras, mas nada funcionou. Continuamente sentia-me perturbada a esse respeito. De vez em quando, ele fazia a minha vontade e deixava de jogar durante algum tempo. Contudo, notei que, embora eu tivesse o que desejava, isso não me dava paz. Eu não alcançava a paz porque eu buscava o que queria da maneira errada.

Se você está tentando mudar alguém, isso lhe rouba a paz.

Você fica insatisfeito consigo mesmo porque não está no nível espiritual em que gostaria de estar? Será que você tenta se mudar? É claro que devemos cooperar com o Espírito Santo no tocante ao trabalho que Ele está fazendo em nossa vida. É Ele que nos traz a perfeição e a maturidade. Não podemos fazer isso por nós mesmos. Porém, essa é mais uma das áreas em que tentamos fazer o que não nos é possível fazer.

Creio que você pode reconhecer que é muito natural tentar mudar aquilo de que não gostamos. Seja realista por um momento. Qual é o sucesso que vem tendo em tentar mudar essas coisas? Será que isso não lhe causa frustração e com isso você perde a sua paz? Antes deveria descansar em Deus, esperando nele e aguardando o tempo dele, confiando-lhe aqueles que fazem parte da sua vida e até mesmo o seu próprio ser.

Resumindo: se tentar fazer algo que está fora do seu alcance, isso apenas servirá para deixá-lo frustrado e sem paz.

Seja Guiado pela Paz

3

Seja Guiado pela Paz

E deixe que a paz (a harmonia da alma que vem) de Cristo, reine (agindo como árbitro continuamente) em vosso coração [decidindo e resolvendo definitivamente todas as perguntas que possam surgir em vossa mente...].

Colossenses 3:15 (AMP)

Num jogo, o árbitro decide se você fica ou sai. A paz deve ser o árbitro que decide na sua vida se algo deve permanecer ou deve ser tirado fora.

Muitas pessoas não gozam paz porque estão fora da vontade de Deus.

Eles seguem a sua própria vontade, ao invés de seguirem a vontade de Deus. Fazem aquilo que sentem ou aquilo que pensam, ao invés de seguir a Palavra de Deus, guiados pela paz. Muitas vezes surge algo que quero fazer. Parece-me bom, soa-me bem e é coisa boa. Contudo, se eu não sentir paz, tenho aprendido a deixar isso de lado. Seja dirigido pela paz. Nunca faça uma compra, especialmente uma compra de alto valor, se não sente paz. Não importa quanto você possa querer ou desejar essa coisa. Se for contrária à liderança do Espírito de Deus, ainda irá lamentar a situação.

De vez em quando, recebo um convite para pregar num lugar onde eu gostaria de ir, mas, por algum motivo, não sinto paz em aceitar o convite. Se aceito o convite e vou, sempre surge uma razão que me mostra, depois, por que eu deveria ter seguido a paz.

Um exemplo que me vem à memória aconteceu quando comecei a viajar ministrando a Palavra. Como ainda recebia poucos convites, era natural que eu desejasse aceitá-los imediatamente. Certo dia, recebi um convite de uma igreja no Texas. Fiquei tão entusiasmada que logo disse que sim. Algumas semanas mais tarde, comecei a ter a sensação de que algo roía dentro de mim. A sensação se tornava mais forte a cada momento, até que reconheci que não tinha paz e o motivo era porque eu não deveria ir ao Texas. Contudo, Deus não me deu qualquer explicação.

Custou-me, mas por fim tive que telefonar à igreja que me havia convidado, cancelando o meu compromisso. Se por algum motivo não fosse possível achar substituto, então eu iria, mas por razão desconhecida eu não sentia paz.

Eles entenderam e cancelaram o compromisso. Algumas semanas mais tarde, vim a saber que a igreja da qual sou membro estaria dedicando o novo edifício no fim de semana em que eu estaria pregando fora. Eu havia sido pastora associada naquela igreja durante alguns anos, antes de ter iniciado o meu próprio ministério. Era muito importante para todos nós, como corpo local, eu estar presente na inauguração do novo edifício.

Por que Deus não me mostrou o que estava acontecendo? Por algum motivo, ele escolheu trabalhar comigo desse modo, para que eu aprendesse a seguir a paz. A sua Palavra diz que devemos ser guiados pela paz. Muitas vezes ele apenas nos dá paz para sabermos se estamos dentro ou fora da sua vontade.

Talvez venhamos a saber mais tarde por que o importante é ter paz.

Você nunca gozará a paz se desobedecer à liderança de Deus e seguir a sua própria vontade.

Quem São os Ladrões da Paz?

4

Quem São os Ladrões da Paz?

Cada pessoa é incomodada por alguma coisa. Satanás tem se ocupado em estudar você durante toda a sua vida. Provavelmente, ele o conhece melhor do que você se conhece. Ele sabe o que o incomoda. Você deve, portanto, descobrir quais são as situações em que precisa tomar cuidado para não perder a paz.

Os ladrões da paz não são os mesmos na vida de todos. Certas coisas me aborrecem e me incomodam, mas não têm qualquer efeito sobre o meu marido.

Por exemplo, gosto de silêncio, no entanto o barulho não o incomoda. Ele consegue ler um livro rodeado do barulho das nossas crianças – a música alta das filhas e a luta do nosso filho de nove anos com o cão no chão da sala.

Não suporto ter que me apressar e detesto chegar tarde aos meus compromissos. Às vezes, meu marido tenta fazer várias coisas ao mesmo tempo, e isso resulta em que temos que nos apressar na última hora. Satanás conhece qual é a minha reação e, então, tenta usar a situação para me roubar a paz. Por outro lado, Dave, meu marido, gosta de chegar adiantado ao aeroporto pelo menos uma hora antes da hora marcada. Sempre ele quer chegar cedo, inclusive ao campo de golfe! Se Satanás conseguir impedir que Dave chegue tarde a um desses lugares, então ele começa a perder a paz.

Todos nós somos diferentes. Portanto, Satanás usa táticas diferentes com todos nós. Seja mais sábio que ele. Ele monta o cenário e espera que você desenvolva a cena e fique desassossegado. Quais são os ladrões da sua paz? Como família, o que rouba a paz de vocês? Façam uma lista e conversem entre vocês, com bom entendimento e sem acusações, quais são as coisas que os perturbam e fazem com que percam a paz individualmente. Descubra o que irrita você e o que irrita aos outros membros da sua família. Depois, tentem ajudar-se uns os outros, evitando essas situações, tentando sempre manter a paz entre vocês.

Dave leva o golfe a sério mesmo. Eu também jogo, mas não é uma coisa que levo a sério. Posso jogar rindo e brincando. Contudo, tenho aprendido que não é sábio de minha parte brincar quando jogo golfe com Dave presente.

Se ele faz má jogada, não é uma hora apropriada para eu rir ou começar a implicar com ele. Divertimo-nos, mas devo praticar aquilo que é confortável a ele também. Ninguém tira proveito algum em provocar o outro a perder a paz. Quando vivemos com alguém durante muito tempo, começamos a aprender quais são as áreas de fraqueza dessa pessoa. Repito: "Ajudem-se uns aos outros a evitar essas áreas".

Dave ajuda-me nas minhas fraquezas. Quando estou estudando ou descansando, ele tenta manter o silêncio em casa. Ele também me encoraja a separar um tempo de descanso e recreação, porque ele sabe que, se eu ficar demasiadamente cansada, Satanás rouba-me a paz.

Em Gálatas 6:2 (NKJV) está escrito: "Levai os fardos uns dos outros..." Devemos levar o fardo da fraqueza uns dos outros, compreendendo que todos nós temos fraquezas, por isso devemos orar uns pelos outros.

Por que o Diabo Tenta Roubar a Sua Paz?

5

Por que o Diabo Tenta Roubar a Sua Paz?

Sabemos que a paz nos une ao Espírito Santo. Em outras palavras, o Espírito Santo atua num ambiente onde existe paz. Há poder na paz. Creio que essa é a razão por que João 14:27 (AMP) disse que a heranças que Jesus nos deixou é a paz. Jesus disse: "... A minha [própria] paz eu vos deixo por herança no meu testamento..." Em outras palavras, a sua paz não é somente a herança que ele nos deixou, é também a sua vontade para nós, adquirível pelo testamento que nos fez.

Se quando você tiver um problema o diabo não for capaz de perturbá-lo com isso, ele ficará sem poder algum sobre você ou sobre a situação. O seu poder está em manter uma atitude calma, pacífica e confiante. O poder do diabo está em agitar e amedrontar você.

Quando se encontrar numa situação problemática, o seu alvo deverá ser manter a calma. Não permita que o diabo consiga agitar você. O diabo delira em conseguir agitá-lo emocionalmente.

Geralmente, quando a pessoa se agita de forma emocional é também tentada a deixar sair da boca palavras que dão mais combustível ao diabo para aumentar a fogueira que ele começou.

Tiago 3:5-6 diz que a língua é um pequeno órgão que se gaba de grandes coisas. Basta apenas um fósforo para incendiar uma grande floresta. A língua é um mundo de maldade. Ela está colocada entre os membros do nosso corpo e tem a capacidade de contaminar a pessoa por completo. A língua tem poder sobre o curso da vida. Ela é como um fogo que se espalha, podendo ser incendiada pelo inferno. Por meio desta, podemos ver que o diabo quer que você perca o domínio para que ele fique no comando. Lembre-se: primeiramente o diabo arma a estratégia depois espera que você mesmo se perturbe. Se isso acontecer, ele já lhe roubou a paz.

Talvez você tenha notado que o diabo trabalha horas extraordinárias quando se aproxima a hora de ir à igreja. Durante muitos anos, em nossa casa, o domingo de manhã era tempestuoso. Poucas vezes conseguíamos chegar à igreja sem que alguém se aborrecesse, mas geralmente todos ficávamos aborrecidos por uma coisa ou outra.

Aos domingos pela manhã, as coisas de que precisávamos desapareciam, entornávamos ou partíamos coisas como em nenhum outro dia da semana. Nossos filhos davam-se bem durante a semana, mas bastava o domingo chegar para começarem os conflitos. Quanto mais barulho faziam, mais eu me agitava. (Lembra-se de que eu disse que não gosto de barulho?)

Por fim, eu começava a reclamar. Dave detesta ouvir reclamações e, assim, ao fim de algum tempo mandava que eu parasse com isso, e daí surgia uma discussão entre nós. As crianças começavam a chorar porque nós estávamos discutindo. No meio disso tudo, o cachorro resolvia pegar o sapato de alguém e começava a correr de um lado para o outro, brincando com as crianças, e não demorava para que eu começar a gritar: "Vamos logo! Vamos chegar atrasados"! Tenho certeza de que esta cena não lhe é estranha.

Enquanto lia Tiago 3:18, compreendi por que isso sempre parecia acontecer quando íamos ouvir a Palavra. Esta passagem bíblica diz (AMP): "A colheita do fruto da justiça (ações praticadas em retidão) é [o fruto da semente] semeada (a Palavra) em paz por aqueles que se esforçam para alcançar e promover a paz."

Em outras palavras, para que a Palavra de Deus possa formar raiz e produzir bom fruto em nossa vida, é necessário que ela seja ensinada e recebida em paz. Tanto aquele que prega como o que houve devem estar numa atitude de paz.

Examine a sua vida. Quantas vezes o diabo tem tido sucesso deixando você incomodado antes de ouvir a Palavra?

Vigie para não cair na armadilha dele. 2 Coríntios 2:11 (AMP) diz que não somos ignorantes das artimanhas e intenções de Satanás. A versão King James diz que não desconhecemos as suas maquinações. Por meio das suas artimanhas, Satanás engana e desencaminha. Devemos procurar ser prudentes e mais sábios que o diabo.

Em 1 Pedro 5:8 (AMP) está escrito: "Sê bem equilibrado (temperado, sóbrio). Sê vigilante e cuidadoso em todo o tempo, pois aquele vosso inimigo, o diabo, anda rugindo à vossa volta (como leão esfomeado) procurando a quem possa devorar". Não permita que isso lhe aconteça! Eu o exorto a ter cuidado. Assim que começar a se sentir incomodado ou frustrado, pergunte a si mesmo: "O que é que o diabo está querendo fazer? Se eu der lugar a esses sentimentos negativos, qual será o resultado"?

Em Efésios 4:26-27 (AMP), somos advertidos quanto à importância de não dar lugar ao diabo na nossa vida, deixando que ele ganhe terreno por causa da raiva ou qualquer outra coisa que nos roube a paz. No versículo 26 está escrito: "...nem deixes que o sol se ponha sobre a tua ira" (o teu estado de exasperação, irritação, fúria ou indignação). Noutras palavras, "não fique aborrecido por coisa alguma.

No versículo 27 (AMP), o apóstolo diz: "Não deixes [tal] lugar ou espaço tornar-se um ponto de apoio para o pé do diabo [não lhe dê nenhuma oportunidade ou espaço]". Quando você está aborrecido ou incomodado, perde a alegria. Quando você perde a alegria, perde a força. Neemias 8:10 diz: "... a alegria do Senhor é a vossa força". O salmista Davi, no Salmo 42:5 (NKJV), falando da sua alma, diz: "Por que estás deprimida ó minha alma e por que estás ansiosa dentro de mim? ..." Isaías 30:15 diz: "... a vossa força estará no sossego e na vossa confiança..." Mais uma vez voltamos a ver que o diabo quer nos inquietar para roubar a nossa força.

Aprendi que o Espírito Santo atua num ambiente de paz. O Espírito Santo não trabalha onde há agitação. O diabo trabalha no meio da agitação, mas o Espírito Santo, no meio da paz. Mantenha um ambiente de paz em casa, no trabalho, na igreja ou no ministério e verá os benefícios da paz. Conforme fizer isso, estará honrando a Palavra de Deus e o Espírito de Deus, o que resultará na colheita do fruto da obediência em sua vida.

Lembre-se de que Jesus enviou os setenta, de dois em dois, para que efetuassem obras poderosas: expulsar demônios, curar os enfermos e pregar o Evangelho. Ele mandou que eles entrassem numa cidade, achassem uma casa e dissessem "Paz seja nesta casa", permanecendo ali. Se eles não fossem recebidos (em paz), então eles deveriam sacudir o pó de seus pés e continuar o caminho. (Lucas 10:1-11,17.) Por quê? A sua obra não teria poder a não ser que a paz habitasse naquele lugar.

Creio que você já começou a ter a revelação da mensagem que este livro apresenta. Faça tudo o que tiver ao seu alcance e exercite o domínio próprio para sempre permanecer em paz. Em Lucas 22:46, Jesus ensina-nos a orar de forma a não cairmos em tentação. Ele disse aos discípulos (AMP): "... Despertai do sono e orem para que não entreis [de qualquer forma] em tentação". Não pense que em você mesmo há força para resistir ao diabo nessa área.

Ore diariamente para que Deus lhe dê graça para poder resistir ao diabo quando ele tentar roubar a sua paz. Peça a Deus que o ajude e lhe dê força.

Em João 15:5 (AMP) está escrito:, "Sem mim... nada podeis fazer". Não tente fazer isso por você mesmo! Peça ajuda a Deus. Filipenses 4:13 diz que podemos alcançar tudo por intermédio de Cristo, mas nada por nós mesmos. Em João 5:30 (AMP), até Jesus disse que nada podia fazer de si mesmo. Se quer que Deus o ajude, precisa de ter uma atitude humilde. Em 1Pedro 5:5 (NKJV) está escrito: "... Deus se opõe ao soberbo mas dá graça ao humilde".

Resumindo: Satanás quer roubar a sua paz para lhe tirar a força. Ele quer vê-lo fraco e sem poder, mas eu o encorajo: "... Sê forte no Senhor e na força do seu poder". (Efésio 6:10.) Fique em paz!

A Posição do Crente durante a Provação

6

A Posição do Crente durante a Provação

Em Efésios 6:13 (AMP) está escrito: "Havendo feito tudo [aquilo que a crise exige], ficai firmes [de posse do vosso lugar]". O que é "o nosso lugar"? Efésios 2:6 ensina que o nosso lugar é em Cristo. A frase "ficar firme" é traduzida do grego *histemi*[1], cujo significado é "ater-se a, permanecer, agüentar, apoiar-se em". Portanto, para permanecer no nosso lugar em Cristo, é necessário ater-se a ele, permanecendo na sua Palavra, suportando, apoiando-se nele e no seu Poder.

No grego, a palavra "ater-se a" em João 15:7 é *meno*.[2] Um dos significados de *meno* é permanecer. Jesus disse: "Se permanecerdes em mim e as minhas palavras permanecerem em vós, pedireis o que quiserdes, e vos será concedido". Permanecer nele é ter poder.

Hebreus 4 ensina que devemos parar de lutar e (pela obediência) entrar no repouso de Deus. Entrar no seu repouso é uma decisão nossa. Em tempo de provação, faça o que Deus lhe determina e depois tome a sua posição em Cristo e observe como Ele trabalhará por você.

---

[1] STRONG, James *Dicionário grego do Novo Testamento.* Concordância completa da Bíblia. Abindon: Nashville, 1890, n. 2.476, p.38.

[2] STRONG, James *Dicionário grego do Novo Testamento.* Concordância completa da Bíblia. Abindon: Nashville, 1890, p. 47 n. 3.306.

A Bíblia diz: "Estai quietos e vede o livramento do Senhor, que hoje vos fará". (Êxodo 14:13.) Todas essas palavras – ater-se, permanecer, estai quietos, ficai firmes e em Cristo – basicamente dizem uma coisa só: Não perca a sua paz!

Uma das passagens poderosas na Bíblia que melhor esclarece este ponto é Filipenses 1:28 (AMP):

E em nada [nem por um momento sequer] estai assustados ou atemorizados em coisa alguma por causa de vossos oponentes ou adversários, pois [a constante ausência de medo] será um sinal (prova e selo) para eles da destruição súbita que os espera, mas [o penhor e evidência] da vossa libertação e salvação, e isto vem de Deus.

Esse versículo diz claramente o que devemos fazer: quando somos atacados, devemos ficar em paz.

Isso mostra ao diabo que ele está derrotado. Ele não sabe o que mais nos pode fazer se em nada ficarmos perturbados. Permanecer em paz também é a segurança de que Deus lhe dará o livramento. Essa atitude de paz e descanso mostra a Deus que você está operando em fé verdadeira. Hebreus 4 diz que aqueles que crêem entram no descanso em Deus.

Celebre a vida enquanto Deus trabalha resolvendo os seus problemas. Creio que a maioria das pessoas pensa que é impróprio gozar a vida quando há problemas. A idéia é de que nada mais se podendo fazer, então, pelo menos, deve-se manter um estado tenebroso dada a situação.

Em tempos passados, eu pensava dessa maneira, e essa era a minha experiência de vida. Quando Dave e eu tínhamos que encarar algum tipo de provação ou problema, ele continuava feliz e gozando a vida. Eu ficava num estado tristonho e acabava por me zangar com ele porque ele não se tornava desassossegado como eu.

Geralmente a luta era em torno de finanças. Dave parecia ter uma fé sobrenatural na área de finanças. Ele dizia: "Nós damos o dízimo e somos generosos nas nossas ofertas. A Bíblia diz que devemos 'lançar sobre Ele toda a nossa ansiedade, pois Ele tem cuidado de nós'. (1 Pedro 5:7.) A Bíblia diz que Deus suprirá a nossa necessidade (Filipenses 4:19), então para que devo me preocupar? A preocupação nunca traz nem aumenta o dinheiro".

Foi essa a "posição" que Dave tomou. Enquanto Deus trabalhava resolvendo o problema, Dave continuava gozando a sua vida. Eu dizia: "Sim, eu sei tudo isso, mas, Dave, você não pode ficar assim sem fazer nada".

Eu queria que ele fizesse algo. Então ele me perguntava: "Está bem, Joyce, o que quer que eu faça"? Eu respondia: "Ora, pelo menos ore". Ele me respondia: "Já orei e pedi a Deus que tomasse conta do problema. Pedi-lhe que me mostrasse se há algo mais que eu deva fazer. Ele não me mostrou mais nada. Por isso não vejo qual o interesse em eu me preocupar com isso".

Dentro de mim, eu sabia que Dave estava certo. Contudo, ainda permanecia a vaga noção de que eu não deveria ter a audácia de gozar a vida, sentindo-me feliz, enquanto o problema não fosse resolvido. Durante anos, o resultado era o mesmo. Cada vez que tínhamos um problema, Dave orava e ficava em paz. Eu orava e ficava ansiosa e, como resultado, entrava em estado de tristeza.

Dave gozava a vida e sentia-se feliz. Deus sempre respondia à sua oração e o problema era vencido.

Graças a Deus um dia cheguei à conclusão de que o meu proceder não me era lucrativo. Tudo que eu obtinha com o meu procedimento era a tristeza e, provavelmente, o prolongamento da resposta de Deus. Agora gozo paz no meio da tempestade. (Marcos 4:37-40.)

Jesus disse: "No mundo tereis tribulações, mas tende bom ânimo! Eu venci o mundo". (João 16:33b.) A Bíblia também diz que é necessário que a tentação nos venha provar, mas exorta-nos a não cairmos nela. (Lucas 8:13; 1 Coríntios 10:13; Tiago 1:12.)

O ponto que quero frisar é este: desafios, obstáculos para vencermos e coisas que se opõe a nós sempre serão parte da vida neste mundo, mas em Jesus Cristo nós somos mais que vencedores! (Romanos. 8:37.)

Somos mais que vencedores no tempo presente. Nunca chegaremos a um ponto em que teremos vencido todos os obstáculos, mas podemos ter a certeza de que sempre haveremos de triunfar em Cristo. Ser vencedor significa vencer continuamente!

Você terá que chegar ao lugar que Paulo descreve em Filipenses 4:11,12. Ele diz ter aprendido a se contentar (ficar em paz), quer estivesse sendo abatido ou exaltado. Se você não aprender isso, sua vida consistirá em uma série de altos e baixos. Lembre-se disto: se o diabo conseguir controlar você por meio de circunstâncias, ele fará tudo para mantê-lo debaixo dos pés dele. Mas você pode andar na autoridade que lhe é dada ao gozar paz.

Um Dia de Cada Vez

7

Um Dia de Cada Vez

A maneira mais rápida de perder a paz é carregar no dia de hoje a preocupação do dia de amanhã. Mateus 6:34 (AMP) diz: "Portanto, não andeis preocupados ou ansiosos pelo dia de amanhã, pois o dia de amanhã terá a sua própria preocupação e ansiedade. Basta a cada dia o seu mal".

A maioria de nós tem o suficiente para enfrentar cada dia sem se ocupar com o dia de amanhã. Deus nos dá a sua Graça para o dia de hoje.

A sua Graça para o dia de amanhã só estará presente amanhã.

Muitas vezes as pessoas se preocupam a ponto de viverem seriamente desassossegadas, e aquilo que as preocupa nunca chega a acontecer. A suposição só traz o mal. Assim que a sua mente começar a supor isto ou aquilo, tome cuidado. A coisa mais provável é que você esteja prestes a ficar preocupado. Algumas pessoas se preocupam tanto que essa preocupação se torna em medo e muitas vezes aquilo que temem acontece realmente. Podemos receber de Deus por meio da fé. O oposto também é verdadeiro. Podemos receber de Satanás pelo medo.

Não permita que o medo do dia de amanhã esteja com você. Lembre-se de que Deus é fiel. Não importa o que o dia de amanhã trará. Ele segura sua mão no dia de amanhã também.

A Graça do Senhor é, e sempre será, suficiente, seja qual for a necessidade. É espantoso realizarmos o que somos capazes em Cristo quando passamos a viver um dia de cada vez.

Aprendi essa lição quando comecei a ensinar na Escola Bíblica na igreja onde também era pastora associada. Quando a oportunidade de lecionar surgiu, eu tinha quatro filhos e um emprego o dia inteiro. Eu tinha o desejo de ensinar mais a Palavra, e a oportunidade de ensinar mais três vezes por semana estava sendo dada a mim. Porém, quando ensino, preciso de tempo para estudar e me preparar. Muitas das lições seriam estudos bíblicos profundos, o que significava que eu teria que escavar profundo na Palavra para ensinar o assunto, especialmente o primeiro ano.

Eu teria que estudar à noite, porque eu trabalhava durante o dia. Eu não sabia como seria possível atingir esse alvo, mas sentia que era a vontade de Deus que eu me empenhasse nele.

Pensei e orei muito, mas decidi dar, em Deus, o passo do impossível. Consegui. Mas foi um dia de cada vez. Deus me deu a sua Graça, mas só no dia que precisei dela. O segundo ano tornou-se mais fácil porque eu já tinha as lições formuladas e, dessa forma, não era necessário eu passar tanto tempo estudando.

Além de ensinar a Palavra aos alunos, Deus quis que eu tomasse essa responsabilidade para me ensinar duas coisas: a primeira era que eu aprendesse quanto se pode realizar por meio da Graça de Deus quando aprendemos a viver um dia de cada vez; a outra era que eu aprendesse a ensinar regularmente.

Agora, ensino constantemente, à medida que eu e Dave viajamos e, ao mesmo tempo, mantemos o nosso ministério de ensino *Vida na Palavra* onde temos a nossa base. Deus é bom e os seus caminhos são perfeitos.

Outra área semelhante a essa que faz muito mal às pessoas é viver lastimando o dia de ontem. Todos nós erramos. A Bíblia nos mostra que todos nós temos pequenas cargas de insuficiências que nos oprimem. (Gálatas. 6:5.) Todos nós dizemos e fazemos coisas que preferíamos não ter dito ou feito. Depois que algo está feito, está feito.

Tenho aprendido que, em vez de perder a minha paz (em razão de algo que fiz, mas que nada posso fazer para retirar o que está feito), é melhor eu confiar em Deus para que Ele faça com que tudo corra para o bem.

Ele tem essa capacidade. Ele pode limpar os nossos erros.

Às vezes digo algo que seria melhor não ter sido dito. Ao invés de ficar me preocupando se ofendi ou irritei alguém com isso ou não, peço ao Senhor que mostre a essas pessoas qual o motivo do meu coração, muito embora eu tenha me atrapalhado com a língua. Confio em Deus para que Ele trabalhe no coração das pessoas e me dê o seu favor. Dessa forma, evito ficar vários dias preocupada com o assunto e evito também o sentimento de querer esconder-me da próxima vez que me encontrar com essas pessoas.

Caímos na armadilha de lamentar o passado muitas vezes. Por termos uma vida tão ocupada, eu e Dave fazemos muitas das nossas refeições fora de casa. De vez em quando, acontece de a comida não ser boa ou a atitude de quem nos serve ser má. Por algum motivo, horas depois ainda lamentamos ter ido lá. O Senhor mostrou-nos que até a má escolha de restaurante não deve ser motivo para nos roubar a paz.

Mais uma vez vamos lembrar: para gozar a paz, temos que deixar de tentar fazer aquilo que está fora do nosso alcance.

Hoje em dia deixamos que as situações contribuam para o nosso bem. Reflexivos, imaginamos quantas pessoas ainda tomam aquele caminho e não encontram a satisfação. Quão abençoados somos! Já descobrimos que aquele não é o caminho a seguir. Nunca mais teremos que gastar o nosso tempo ou dinheiro naquele caminho!

Tenho uma insígnia em casa que diz:

Se tentares viver no passado, a vida será difícil.
Jesus não disse: 'Eu Era'.
Se tentares viver no futuro, a vida será difícil.
Jesus não disse: 'Eu Serei'.

Se viveres um dia de cada vez,
a vida te correrá bem.
Jesus disse: 'Eu Sou'.
(João 8:58.)

Ele está com você em cada situação do presente. Lembre-se de que deve confiar nele para lhe dar graça cada dia.

A Oração Traz Paz

8

A ORAÇÃO TRAZ PAZ

Não não andeis ansiosos por coisa alguma (não devemos ter ansiedade em coisa alguma), antes, sejam as vossas petições em tudo conhecidas perante Deus, pela oração e súplica, com ações de graças.
E a paz de Deus, que ultrapassa toda a compreensão, guardará vossos corações e vossos sentimentos em Cristo Jesus.

Filipenses 4:6.

A paz que é além do nosso entendimento é algo maravilhoso de experimentar. Quando, de acordo com todas as circunstâncias, você deveria ficar perturbado, em pânico, agitado ou preocupado, porém, sem explicação, fica em paz, é essa a paz maravilhosa de que falo. O mundo tem fome dessa paz. Ela não pode se comparar. Não se acha à venda! É uma oferta grátis de Jesus. Pode ser sua quando você o aceita como seu Senhor e Salvador e aprende a viver de acordo com os princípios dele.

A oração de entrega é uma oração poderosa que lhe retira o fardo e o coloca sobre Jesus. Em 1 Pedro 5:7 está escrito: "Lançando todo o seu cuidado sobre Ele, pois Ele cuida de ti". A versão *Amplified Bible* diz em 1 Pedro 5:7:

Lançando a totalidade do vosso cuidado [toda a ansiedade, toda a preocupação, todo o assunto, de uma vez por todas] sobre Ele, pois Ele cuida de vós carinhosamente e vigilantemente.

Que privilégio! Muitos cristãos não usam esse grande benefício, muito embora esteja ao alcance deles.

Você está gozando a paz que resulta de lançar sobre ele todo o seu cuidado? A palavra lançar aqui significa atirar com a convicção e força da paixão. Quanto mais depressa fizer isso, melhor será. Isso é feito por meio da oração. Entregue os seus problemas ao cuidado carinhoso de Deus. Faça isso assim que o Espírito Santo lhe revelar que está se preocupando ou que perdeu a paz.

O diabo quer que você se preocupe. 1 Pedro 5:9 (AMP) diz para "resistir" ao diabo "assim que ele lançar o seu ataque". Não espere dando-lhe oportunidade para ganhar terreno com você. Quanto mais tempo você demorar para reagir, mais forte será o laço que o diabo lançará sobre você. Então, torna-se mais difícil se libertar.

Assim que reconhecer que já está se preocupando, rejeite imediatamente a preocupação. Lance sobre Deus o cuidado da situação. Mude a sua maneira de pensar.

Quando primeiramente comecei a aprender este princípio de "lançar o meu cuidado" e de "não me preocupar", o meu raciocínio era errado. Eu passava o dia todo desviando o meu pensamento do assunto em questão. Lembro-me de que cheguei a um ponto de grande frustração e, então, perguntei a Deus: "Como é possível uma pessoa não pensar sobre alguma coisa"? Não devemos pensar no problema para que a preocupação não tome conta de nós.

Mas, quando chegar a hora em que precisamos de pensar sobre o problema para tomar decisões, devemos encarar o assunto de forma positiva, e não negativa. Voce pode ser realista sem deixar que o problema lhe faça mal.

Ainda me lembro claramente do que Jesus me respondeu quando lhe fiz a pergunta: "Como é possível eu não pensar neste problema"? Ele me disse: "É muito simples, Joyce. Pense em outra coisa". Não é possível pensar no problema quando pensamos em outra coisa.

Filipenses 4:6 diz que não devemos estar preocupados, mas que devemos orar. No versículo 7, está escrito que se fizermos o que está escrito no versículo 6 ele nos dará a paz que excede todo o entendimento. O versículo 8 (AMP) diz:

> *No demais, irmãos, tudo o que é verdadeiro, tudo que é digno da nossa reverência, é de honra e puro, tudo que é belo e amável, tudo o que é bondoso, gracioso, se há alguma virtude e excelência, se há algo digno de louvor, nisso... nessas coisas pensai.*

Oro para que Deus lhe conceda graça, que é o poder do Espírito Santo, para você colocar esses princípios em prática na sua vida e gozar a bem-aventurança de uma vida de paz. Também oro para que o Pai tenha livre acesso para usar você para a honra e glória dele.

Experimente uma Nova Vida

Se você nunca convidou Jesus para ser seu Senhor e Salvador, eu o convido a tomar essa decisão agora mesmo. Ao fazer esta oração sinceramente e de todo o seu coração, você irá experimentar uma nova vida em Cristo.

Deus Pai,

Creio que Jesus Cristo é teu Filho, o Salvador do mundo. Eu creio que ele morreu na cruz por mim e que carregou todo o meu pecado. Ele pagou o preço do meu pecado. O castigo que eu merecia caiu sobre ele. Creio que Jesus ressuscitou dos mortos e que está agora assentado à tua mão direita. Eu preciso de ti, Jesus. Perdoa os meus pecados, salva-me e vem morar em mim. Quero nascer de novo.

Agora, creia que Jesus habita em seu coração, que ele lhe perdoou e o fez justo. Creia que irá para o céu quando Jesus voltar.

Procure uma boa igreja que ensine a Palavra de Deus e comece a crescer em Cristo. Nada mudará na sua vida sem o conhecimento da Palavra de Deus. João 8:31,32 AMP diz: "Se vós permanecerdes na minha Palavra verdadeiramente sois meus discípulos. E conhecereis a verdade e a verdade vos libertará".

Tome posse da Palavra, deixando-a enraizar profundamente em seu coração e, de acordo com 2 Coríntios 3:18, conforme você olha para a Palavra, como o espelho reflete a imagem, assim será transformado pelo Espírito do Senhor, para refletir quem Ele é.

No amor do Senhor,

Joyce.

Sobre a Autora

Joyce Meyer é uma das líderes no ensino prático da Bíblia no mundo. Renomada autora de bestsellers pelo *New York Times*, seus livros ajudaram milhões de pessoas a acharem esperança e restauração através de Jesus Cristo.

Através dos *Ministérios Joyce Meyer*, ela ensina sobre centenas de assuntos, é autora de mais de 80 livros e conduz aproximadamente 15 conferências por ano. Até hoje, mais de 12 milhões de seus livros foram distribuídos mundialmente, e em 2007 mais de 3.2 milhões de cópias foram vendidas. Joyce também tem um programa de TV e de radio, *Desfrutando a Vida Diária®*, o qual é transmitido mundialmente para uma audiência potencial de 3 bilhões de pessoas. Acesse seus programas a qualquer hora no site www.joycemeyer.com.br

Tendo sofrido abuso sexual quando criança e a dor de um primeiro casamento emocionalmente abusivo, Joyce descobriu a liberdade de viver vitoriosamente aplicando a Palavra de Deus à sua vida, e deseja ajudar que os outros façam o mesmo. Desde sua batalha com câncer no seio até as lutas da vida diária, ela fala aberta e praticamente sobre sua experiência de modo que outros possam aplicar o que ela aprendeu às suas vidas.

Durante os anos, Deus proveu a Joyce com muitas oportunidades de compartilhar o seu testemunho e a mensagem de mudança de vida do Evangelho. De fato, a revista *Time* a selecionou como uma das mais influentes líderes evangélicas na America. Ela é um incrível testemunho do dinâmico e restaurador trabalho de Jesus Cristo. Ela crê e ensina que, independente do passado da pessoa ou dos erros cometidos no passado, Deus tem um lugar para elas, e pode ajudá-las em seus caminhos para desfrutarem a vida diária.

Joyce tem um merecido PhD em teologia obtido da Universidade Life Christian em Tampa, Florida; um honorário doutorado em divindade da Universidade Oral Roberts University em Tulsa, Oklahoma; e um honorário doutorado em teologia sacra da Universidade Grand Canyon em Phoenix, Arizona. Joyce e seu marido, Dave, são casados há mais de quarenta anos e são pais de quarto filhos adultos. Dave e Joyce Meyer vivem atualmente em St. Louis, Missouri.

COLEÇÃO SLAM

LUCAS KOKA (SP)
ICARO RENAULT (MG)
THALITA DE FREITAS (SP)
DARLA MONIQUE (SP)
JOW NOGUEIRA (SP)
SARAH MORAIS (SP)
WANDIN (MG)
JOÃO PEDRO (RJ)
NICOLE AMARAL (SP)
MARINA VALENARI (SP)
MATHEUS BRITTO MB (AC)
FRANCIELLY RODRIGUES (SP)
HEITOR ALEXANDRE (SP)
EVE (SP)

PROTAGONISMO JUVENIL

COORDENAÇÃO: EMERSON ALCALDE

AUTONOMIA LITERÁRIA

PROTAGONISMO JUVENIL

COLEÇÃO SLAM

Coordenação: Emerson Alcalde

Projeto gráfico e diagramação: Yan comunicação

Revisão: Janaína Moitinho

Editora: Autonomia Literária

Dados Internacionais de Catalogação na Publicação (CIP)
(eDOC BRASIL, Belo Horizonte/MG)

P967 Protagonismo juvenil / Organizador Emerson Alcade. – São Paulo, SP: Autonomia Literária, 2022.
10 x 15 cm – (SLAM; v. 6)

ISBN 978-65-87233-86-4

1. Literatura brasileira – Poesia. I. Alcade, Emerson. II. Série.
CDD B869.1

Elaborado por Maurício Amormino Júnior – CRB6/2422